curiosidad por

LAS CARRERAS DE BARRILES

POR RACHEL GRACK

AMICUS LEARNING

¿Qué te causa

curiosidad?

3

CAPÍTULO TRES

Lograr la victoria

Curious About es una publicación de
Amicus Learning, un sello de Amicus
P.O. Box 227, Mankato, MN 56002
www.amicuspublishing.us

Editores: Ana Brauer y Megan Siewert
Diseñadora de la serie: Kathleen Petelinsek
Diseñadora del libro e investigadora fotográfica: Emily Dietz

Library of Congress Cataloging-in-Publication Data
Names: Koestler-Grack, Rachel A., 1973- author.
Title: Curiosidad por las carreras de barriles / Rachel Grack.
Other titles: Curious about barrel racing. Spanish
Description: Mankato, MN : Amicus Learning, 2025. | Series: Curiosidad por el rodeo | Includes index. | Audience: Ages 6–9 | Audience: Grades 2–3 | Summary: "Learn how cowboys and cowgirls (and their horses) compete in barrel racing rodeo events in this Spanish question-and-answer book for elementary-aged readers. Translated into North American Spanish. Includes table of contents, infographics, glossary, and index"— Provided by publisher.
Identifiers: LCCN 2024022448 (print) | LCCN 2024022449 (ebook) | ISBN 9798892002905 (library binding) | ISBN 9798892002981 (paperback) | ISBN 9798892003063 (ebook)
Subjects: LCSH: Barrel racing—Juvenile literature.
Classification: LCC GV1834.45.B35 K6418 2025 (print) | LCC GV1834.45.B35 (ebook) | DDC 791.8/4—dc23/eng/20240523
LC record available at https://lccn.loc.gov/2024022448
LC ebook record available at https://lccn.loc.gov/2024022449

Créditos fotográficos: Alamy Stock Photo/Arco / P. Mette, 9, H. Mark Weidman Photography, 19; Dreamstime/Onepony, 3, 20-21, Slowmotiongli, 9; Getty Images/Dan Peled, 2, 12, georgeclerk, 4-5, Houston Chronicle/Hearst Newspapers, 6, Maddie Meyer, 2, 8, maiteali, 13, THEPALMER, 7, 10, Xinhua News Agency, 15; Pexels/@coldbeer, portada, 1; Shutterstock/ Brett Holmes, 16-17, de O, 9, Jana Mackova, 9, zorina_larisa, 14; The Noun Project/Andy Horvath, 22, 23, Mohamed Mb, 22, 23

Impreso en China

CAPÍTULO UNO

¿Qué son las carreras de barriles?

Es un tipo de carrera de caballos que se celebra en los rodeos. Un caballo galopa por el **callejón**. Atraviesa el portón. ¡Comienza la carrera! La pista discurre alrededor de tres barriles. Los jinetes se turnan para rodearlos en forma de trébol. Gana lo más rápido.

En los rodeos, los concursantes ejecutan habilidades de lazo y equitación.

Las carreras de barriles son un deporte de rodeo femenino.

¿Quién puede competir?

Algunos rodeos también tienen una categoría juvenil para jinetes de 13 a 18 años.

En los rodeos **profesionales** sólo las mujeres compiten en carreras de barriles. Pero tanto las chicas como los chicos pueden competir en eventos juveniles y **amateur**. Los jinetes se agrupan por edades. La categoría juvenil incluye a jinetes de nueve a doce años. Los menores de ocho años compiten en la categoría para pequeños.

¿Qué tipo de caballo es el mejor en las carreras de barriles?

Muchos corredores de barriles eligen montar caballos Cuarto de Milla.

Cualquier caballo puede correr. Pero algunas **razas** son más rápidas y fáciles de entrenar. Los caballos de carreras de barriles más populares son los caballos Cuarto de Milla. Son atléticos y fuertes. Pueden detenerse rápidamente, hacer giros bruscos y salir disparados. Pero otros caballos también son ganadores.

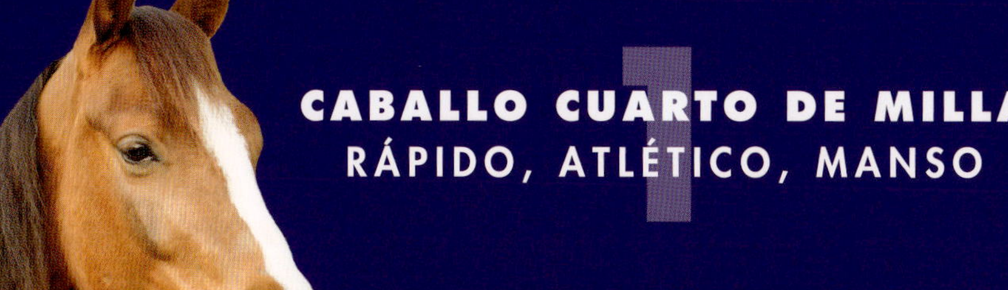

1

CABALLO CUARTO DE MILLA

RÁPIDO, ATLÉTICO, MANSO

2

CABALLO PINTO

AMABLE, FUERTE, RÁPIDO

3

PURA SANGRE

INTELIGENTE, AUDAZ, FUERTE

4

APPALOOSA

DE TRATO FÁCIL, LEAL, VALIENTE

5

ÁRABE

RÁPIDO, ATLÉTICO, CON MUCHA ENERGÍA

¿Cómo rodean los barriles los jinetes?

Los barriles están dispuestos en forma de triángulo. Su base da al callejón. La carrera sigue un patrón de trébol. El caballo da tres vueltas cerradas a toda velocidad. Los jinetes pueden empezar con cualquiera de los barriles. Deben completar el patrón y salir corriendo hasta la línea de meta.

PATRONES DE CARRERAS DE BARRILES

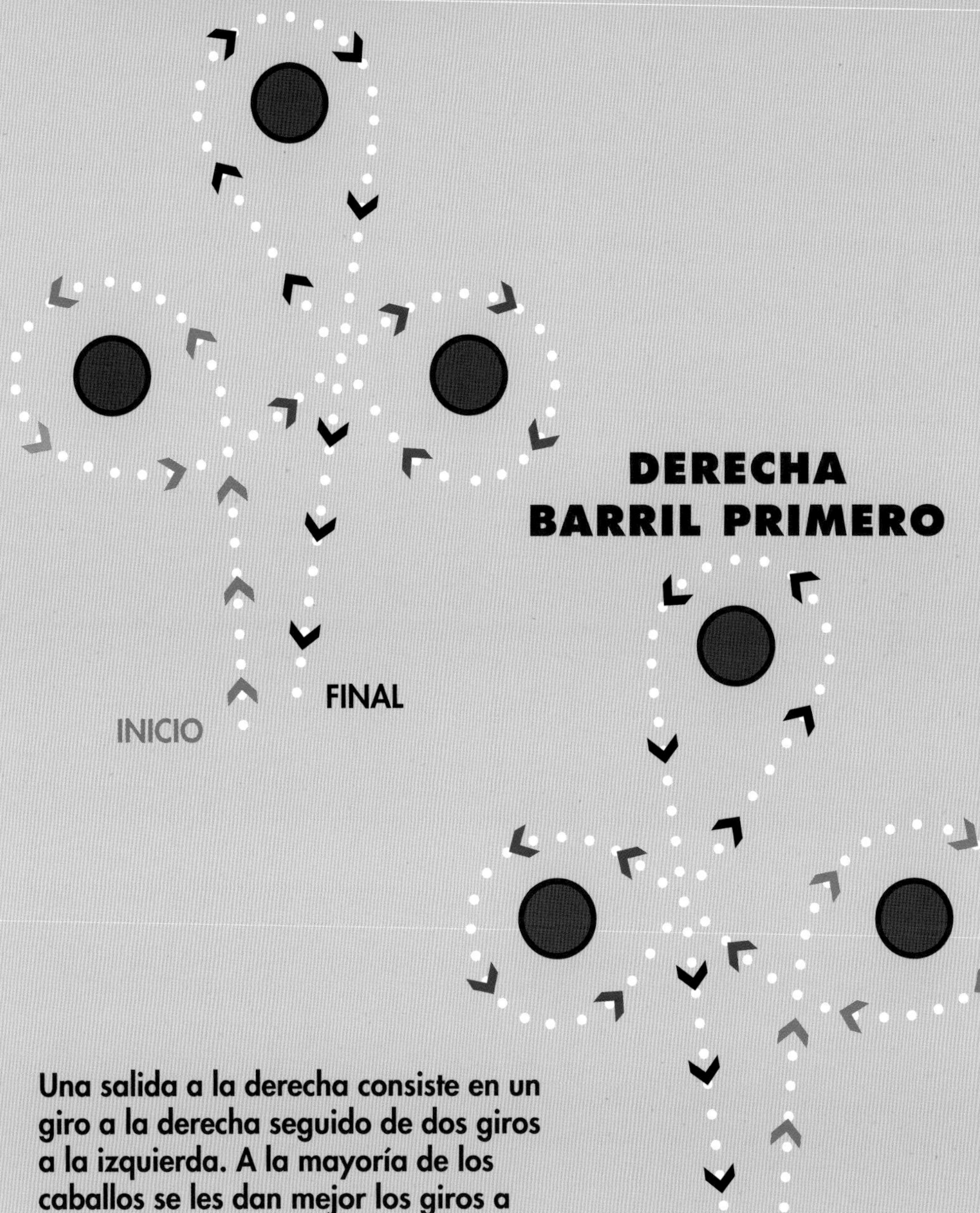

Una salida a la derecha consiste en un giro a la derecha seguido de dos giros a la izquierda. A la mayoría de los caballos se les dan mejor los giros a la izquierda. Entonces, los corredores suelen empezar por la derecha.

Los corredores de barriles deben mantener un buen equilibrio para no caerse.

¿Es peligroso?

¿LO SABÍAS?

Algunos jinetes utilizan espuelas para mantener a sus caballos concentrados y rápidos. Pero no todos los caballos las necesitan. A la mayoría de los caballos de barril les encanta correr.

Los jinetes llevan espuelas embotadas para no herir al caballo.

Sí. Los caballos dan vueltas a los barriles a gran velocidad. El caballo o el jinete pueden caerse en cualquier curva. Los jinetes deben mantener un equilibrio perfecto. Deben mantener la calma y el control. Los caballos necesitan fuerza y seguridad para realizar giros cerrados. Las carreras profesionales requieren unas habilidades de conducción excepcionales y un caballo bien entrenado.

¿Cómo se mantienen seguros los jinetes?

Algunos jinetes llevan casco. Pero no es obligatorio. La mayoría de los corredores de barriles llevan sombreros de vaquero. Pero unas buenas botas vaqueras son una obligación de seguridad. Ningún jinete quiere tener un pie atrapado en el estribo. Esto puede provocar una caída desagradable. Las botas con tacones robustos ayudan a los jinetes a mantenerse en la silla de montar.

SILLA DE MONTAR BARRIL
Los caballos llevan una silla especial para las carreras de barriles. Su pomo alto y su cantle ayudan a mantener a los jinetes en la silla al tomar curvas cerradas.

Los caballos de carreras de barriles también necesitan unas buenas botas de carreras. Llevan botas de campana para proteger sus cascos.

Bota de campana

¿Cómo se cronometran las carreras?

Un ojo electrónico marca la centésima de segundo.

La mayoría de los rodeos utilizan un ojo electrónico. Este proyecta un rayo a través de la línea de salida y llegada. Se enciende y se apaga cuando pasa el caballo. El caballo entra en la pista. El reloj empieza. Caballo y jinete rodean los barriles. *!A toda velocidad!* Cruzan la línea de meta. El reloj se para.

¿LO SABÍAS?

No todo es velocidad. Los jinetes también deben completar el patrón del trébol para ganar. Los corredores que no realicen el patrón correcto obtienen una "no puntuación".

¿Qué pasa si un jinete choca contra un barril?

Los tres barriles deben permanecer en pie. Cada barril que cae añade cinco segundos al tiempo del jinete. Los tiempos de carrera son muy ajustados. Una **penalización** de cinco segundos se paga caro. Algunos jinetes se agarran al barril si se vuelca. Es un riesgo. Podrían acabar en el suelo.

Derribar un barril puede hacer que el jinete pierda la carrera.

¿Hay más de un solo ganador?

Sí. Los jinetes de todos los niveles corren juntos. Después de la carrera, los corredores se agrupan en **divisiones**. La primera división empieza con el mejor tiempo. Cada división inferior es medio segundo más lenta. Hay un ganador por división. Los tiempos están separados por centésimas de segundo. Es una carrera muy reñida.

La mayoría de las carreras de barriles tienen cuatro divisiones de ganadores. Algunas tienen cinco.

¿LO SABÍAS?

En 2017, Hailey Kinsel y su caballo, Sister, establecieron un récord de carreras de barriles de 13,11 segundos. ¿Quién será el próximo jinete en batirlo?

HAZ MÁS PREGUNTAS

¿Cuánto dinero ganan los corredores de barriles?

¿Hay carreras de barriles juveniles cerca de mí?

Prueba con una GRAN PREGUNTA: ¿Podría yo ser corredor de barriles?

BUSCA LAS RESPUESTAS

Busca en el catálogo de la biblioteca o en el internet.
Pueden ayudarte tus padres, un bibliotecario o un maestro.

Uso de las palabras clave
Encuentra la lupa.

Las palabras clave son las palabras más importantes en tu pregunta.

¿

Si quieres saber sobre:

- cuánto ganan los corredores de barriles, escribe: DINERO DE LOS PREMIOS DE LAS CARRERAS DE BARRILES
- carreras de barriles juveniles, escribe: CARRERAS DE BARRILES JUVENILES EN [TU ESTADO]

GLOSARIO

amateur Alguien que participa en un deporte por diversión y no por dinero.

callejón El camino en que recorre un caballo para entrar en la pista durante una carrera de barriles.

división Uno de los grupos en los que se divide a los jinetes de carreras de barriles; las divisiones se deciden en función del tiempo del jinete.

espuelas Las ruedas con púas en el talón de las botas de un jinete.

penalización Una marca que se descuenta de la puntuación.

profesional Una persona que compite en un deporte por dinero.

raza Un determinado tipo de animal o planta.

ÍNDICE

Sobre la autora

Rachel Grack lleva veinticinco años escribiendo obras de no ficción para niños. Vive en un rancho en el corazón del país del rodeo (sur de Arizona). Algunas tardes, se acerca a ver a sus vecinos en competiciones amistosas de roping. Un restaurante del oeste de la ciudad ofrece semanalmente monta de toros y carreras de carneros. Pero Rachel prefiere pasear tranquilamente a lomos de su dócil caballo Lady.